日本一うんこが出てくるなぞなぞ
うんこ
なぞなぞ
1ねんせい

文響社

この本のつかいかた

1しょうから　4しょうまでの
なぞなぞを　とこう！
（「こたえ」は　なぞなぞの
つぎの　ページに　あるよ。）
さいごに　じごくの
ページに　ちょうせんしよう！

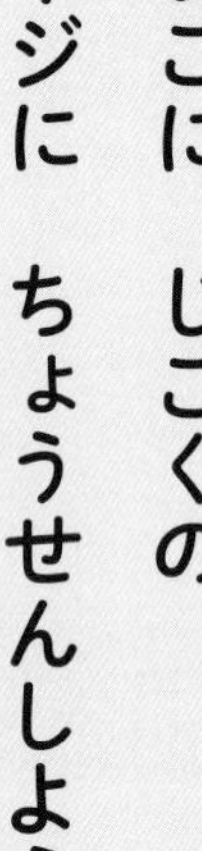

むずかしい
もんだいには
わしが　ヒントを
出すことも
あるぞい！

うんこ先生

おうちのかたへ

この本は、お子さまが大好きな「なぞなぞ」と「うんこ」を組み合わせたこれまでにない新しいなぞなぞの本です。この本を通じて楽しく「地頭」を鍛えることができます。

「うんこ」を興味関心の入り口として、情景・状況を設定されたなぞなぞ文を読むことで、語彙力・想像力を鍛えます。

また難しいなぞなぞでは充実したヒントや解説をもとに予想をたてながら答えを落とし込むことで思考力・発想力を鍛えることができます。

さらに、親子や友達同士でなぞなぞを出し合うことでお子様のコミュニケーション力を鍛える練習もできます。

ぜひ、なぞなぞを出し合って大笑いしながら地頭を鍛えましょう！

※一部なぞときの要素が強いページも含まれます。

1
しょう

めくってね

つぎの　ページから
なぞなぞが　はじまるよ！

なぞ
01

うんこの　まほうつかい

まほうつかいの　おばあさんが
うんこに　まほうを　かけたら、
いんこに　なりました。

えいやっ

ピーー
?

では、いんこに まほうを かけたら
何（なに）に なったでしょうか。

ヒント｜うんこ→いんこ→○んこ じゃよ。

こたえは つぎの ページ

なぞ
01
こたえ

あんこに
なります。

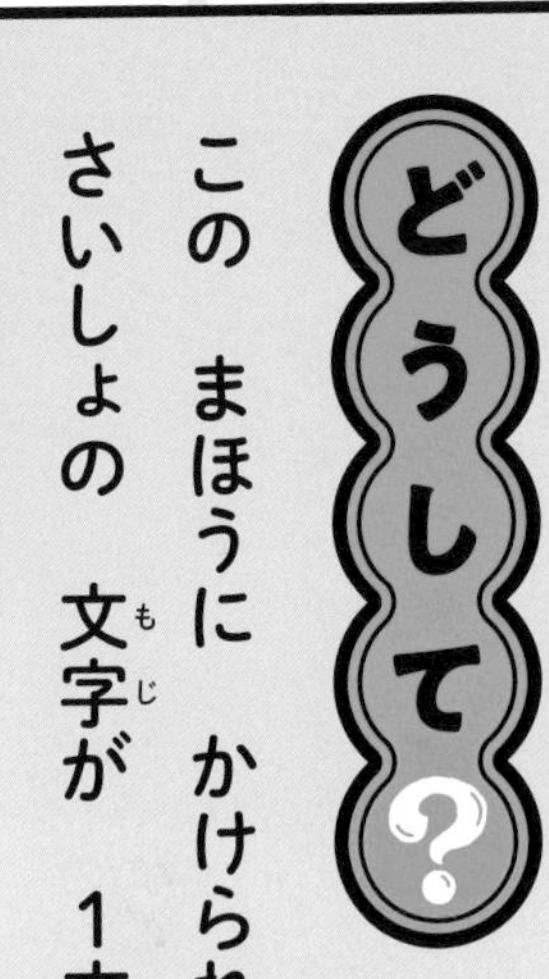
どうして？

このまほうにかけられたものは、さいしょの文字(もじ)が1文字(もじ)ずつ上(あ)がっていくからです。

さ
か
あ
し
き
い
す
く
う
せ
け
え
そ
こ
お

あんこ
いんこ
うんこ

わしもまほうをかけられたら、いんこ先生(せんせい)やあんこ先生(せんせい)になるのう。

なぞ02

うんこで　かくれた　手紙

うんこ小学校の
同じ　クラスの　男の子から
お手紙を　もらいました。

この　手紙に
かくれた　言葉は
何でしょうか？

1しょう
2しょう
3しょう
4しょう
じごくのページ

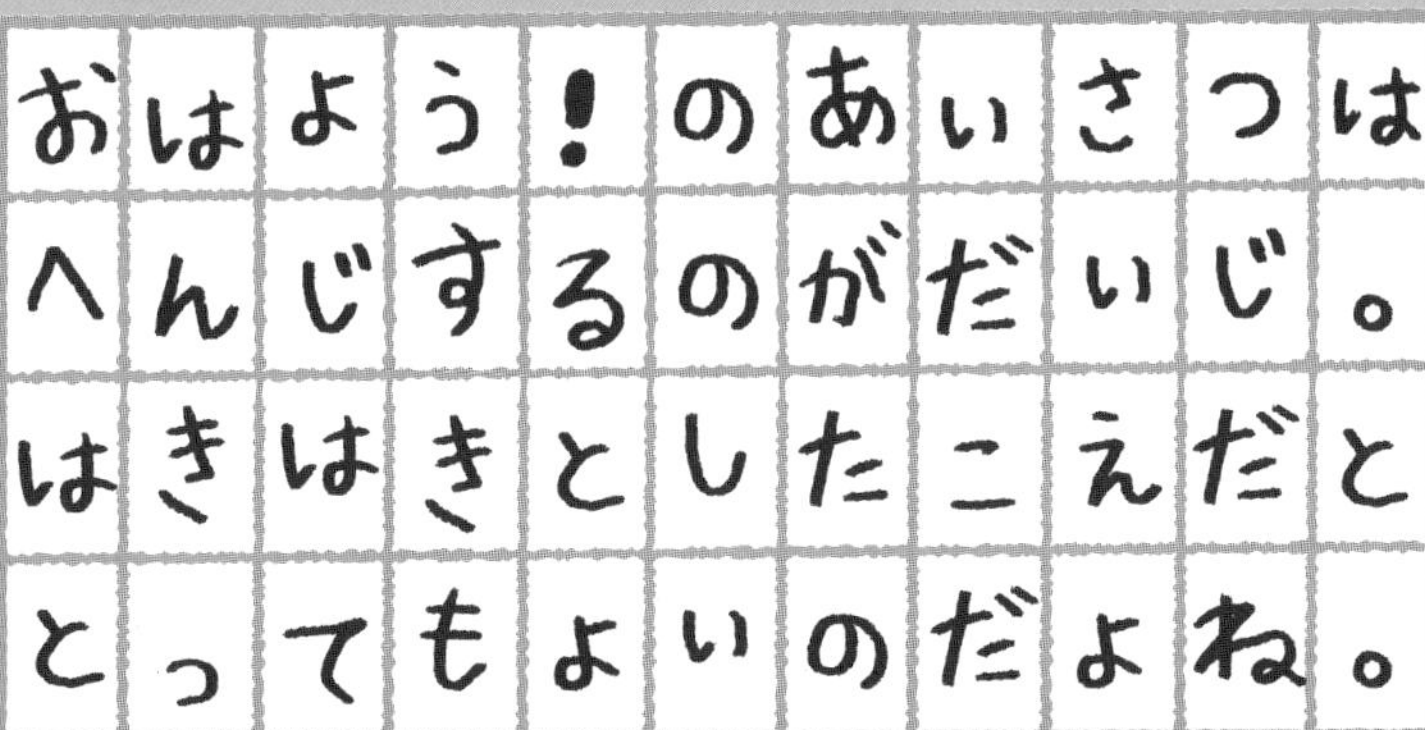
おはよう！のあいさつは
へんじするのがだいじ。
はきはきとしたこえだと
とってもよいのだよね。

うんこの下(した)にある
文字(もじ)をさがしてよんでね！

こたえは つぎの ページ

ヒント

まず、文章(ぶんしょう)から 「う」「ん」「こ」の
文字(もじ)を さがすと よいぞい！

なぞ 02 こたえ

すきだ

かくされた　言葉（ことば）は
「すきだ」でした。

とても　うれしい
お手紙（てがみ）ですね。

どうして?

「うんこ」の下にある文字を1文字ずつ読むと「すきだ」になります。

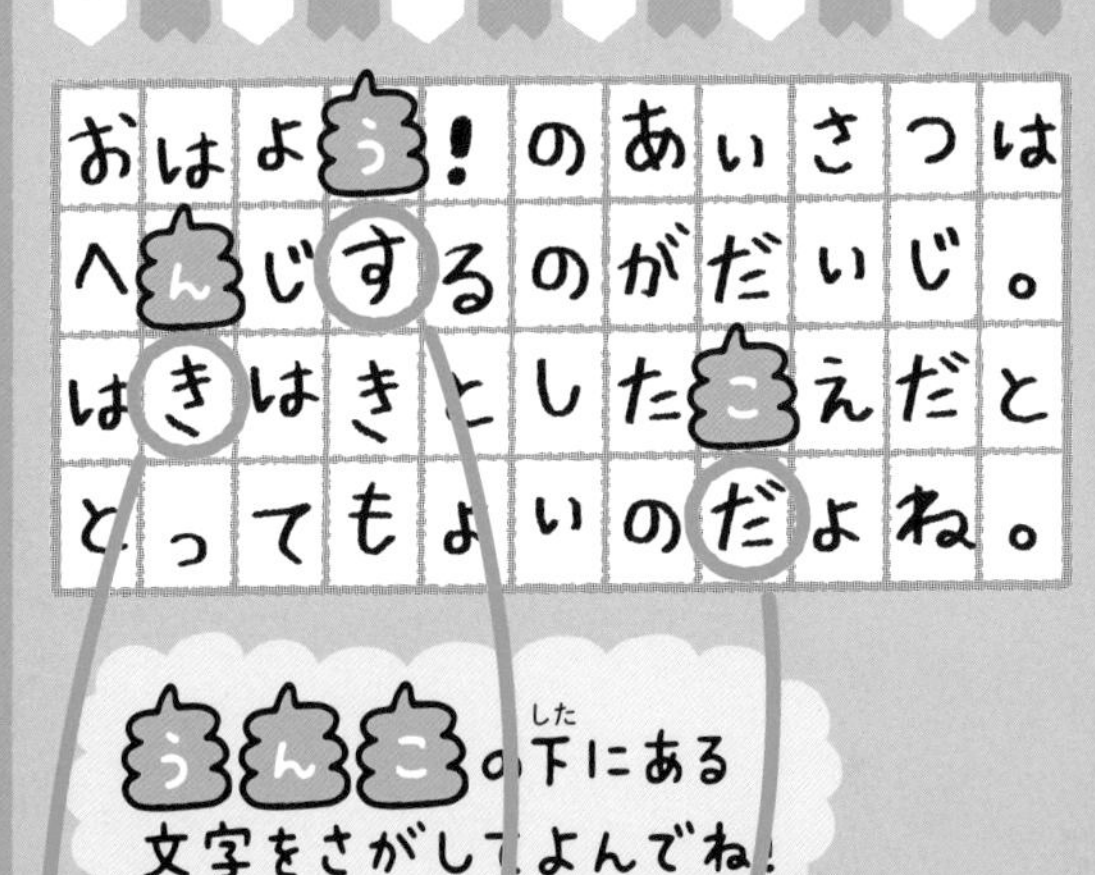
おはよう!のあいさつは
へんじするのがだいじ。
はきはきとしたこえだと
とってもよいのだよね。
うんこの下にある文字をさがしてよんでね!

すきだ

気持ちを　つたえられて　よかったのう。

BREAK

きゅうけいのページ

うんこ先生(せんせい)の　ひみつを　しょうかいします。

うんこ先生(せんせい)は
うんこ学園(がくえん)の
校長先生(こうちょうせんせい)で
国語(こくご)の　先生(せんせい)でも
あります。
せいかくは
ゆったりと　していて
マイペースです。

すきな　食(た)べものは
すし・うどん・
チョコレートです。

よろしく
なのじゃ！

きらいな　食(た)べものは
からいもの・
しそです。

なぞ
03

今日(きょう)の　朝(あさ)、
うんこを　しました。
すると　学校(がっこう)で、テストが
スラスラ　とけました。
どうしてでしょうか。

スラスラスラスラスラ〜

うんこしてきて
よかったー！

ヒント｜「うんこ（＝べん）」を「きょう」しておるぞ。

こたえは　つぎの　ページ

なぞ
03
こたえ

勉強したから。

「便」を「今日」したからです。
この本を　よんでいる　みんなも、
ぜひ　まねしてみましょう。

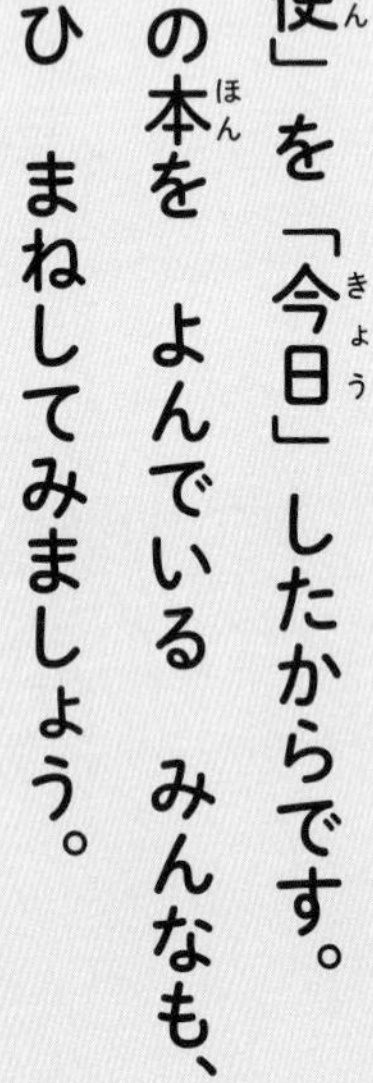
さんすう
100
よくできました！

うんこも　テストも　100 てんを　めざすのじゃ。

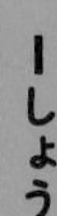
1しょう

2しょう
3しょう
4しょう
じごくのページ

なぞ04

うんこを している 人が います。
4月に なると おしりが
ちがう ものに かわりました。
何に なったでしょうか。

こたえは つぎの ページ

なぞ
04
こたえ

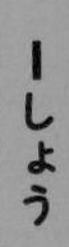
1しょう

おつりにかわりました。

4がつ（しがつ）

「し」が「つ」に　なると…

おしり → おつり

チャリ〜ン

なぞ
05

今日の　朝
弟が
こんな　形の
うんこを　しました。
今日は　どんな　日に
なるでしょうか。

こたえは　つぎの　ページ

なぞ 05 こたえ

うんがいい日(ひ)

うんこで「いい」という文字(もじ)が書(か)かれていたから「うんがいい日(ひ)」です。

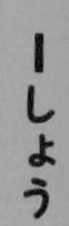

なぞ
06
うんこを　するのは
「べんき」
おうちの　かべに
いろを　ぬるのは
「○んき」
○に　入る
言葉は
何でしょうか。

こたえは　つぎの　ページ

なぞ 06 こたえ

ペンキ

ペンキで　色（いろ）を
ぬるのは
とても　楽（たの）しいですよ。

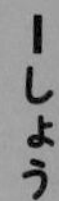
1しょう

なぞ 07

うんこを　しようと　して
おしりから　ころぶと
食べられない　もちが
出て　きます。
どんな　もちでしょうか。

こたえは　つぎの　ページ

なぞ
07
こたえ

しりもち

うんこを　する　ときは
しりもちを　つかないように
ちゅういしましょう。

あら　あら

ほけんしつ

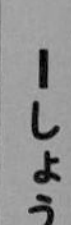

1しょう
2しょう
3しょう
4しょう
じごくのページ

なぞ08

小学校で　先生から
「うんこの　ようす」を
聞かれました。
今日は　どんな
行事が　あるでしょうか。

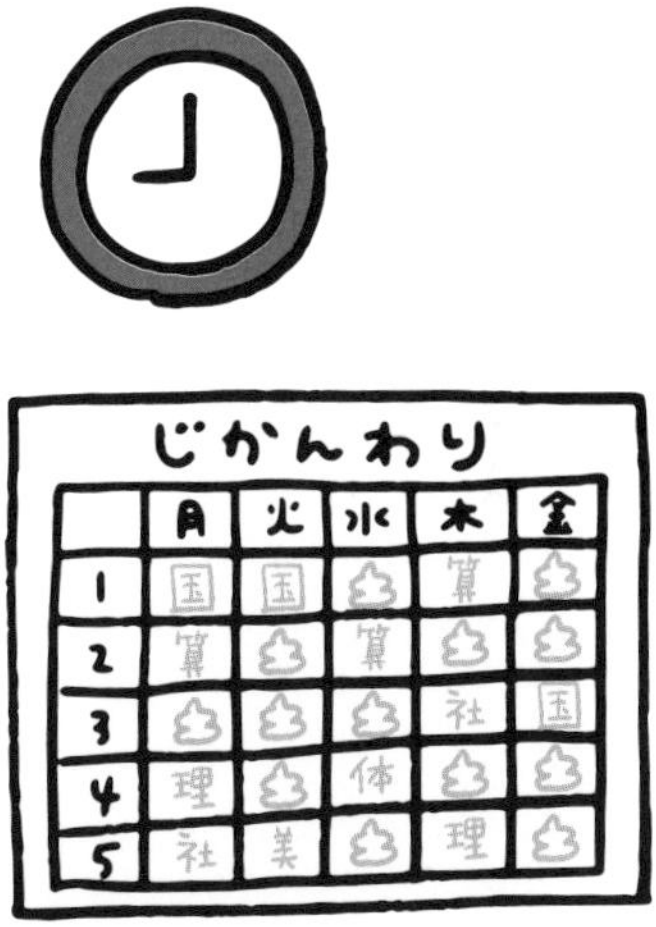

なぞなぞ▲ーしょう

こたえは　つぎの　ページ

なぞ
08
こたえ

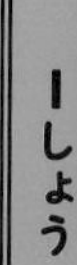

1しょう

2しょう

3しょう

4しょう

じごくのページ

うんどうかい

「うんこの　ようす」なので
「うんどうかい」です。

うんこは、どうかい？

うん・どう・かい（運動会）

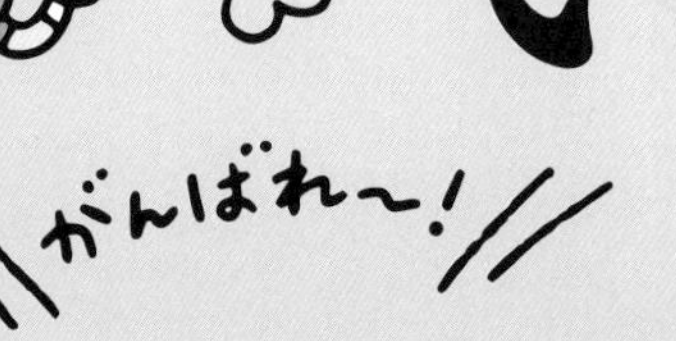

がんばれ〜！

なぞ 09

おこっている　うんこと
おちついている　うんこが
あります。
においが　強い(つよい)のは
どちらの
うんこでしょうか。

…
…?

こたえは　つぎの　ページ

なぞ
09
こたえ

おこっている うんこ

おこっている　うんこは　「ぷんぷん」　して
いるから　においが　強（つよ）いです。

なぞ
10

あ、うんこ！

文字を　ならべかえて
海の　生きものの
名前を　作りましょう。

← こたえは　つぎの　ページ

なぞ
10
こたえ

あんこう

「あ、うんこ」を
ならべかえると
「あんこう」に
なります。

おうちのかたへ　イラストは「ちょうちんあんこう」のイメージです。

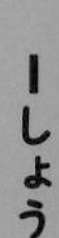
1しょう

なぞ 11

うんこが 10こ
入った はこが
うられていました。
何でしょうか。

ヒント
ここでは「うんこ」は「べん」で「10」は「とお」じゃよ！

なぞ 12

うんこを するときの
音は ぷりぷりです。
では、かくしごとが
あるときは
なにぷりでしょうか。

ヒント
「○○○ぷり」じゃ！

こたえは つぎの ページ

なぞ 11 こたえ

べんとうばこ

うんこ（＝べん）が
10（＝とお）だから、
べんとうばこです。

なぞ 12 こたえ

しらんぷり

うんこを したあとは、
しらんぷりせずに きちんと
ながしましょう。

なぞ13

トイレで　うんこを　したあと
ひつような　「ガス」は
何(なん)でしょうか。

ガス

なぞ14

うんこを
するだけで　なく
たくさんの
ことを
知(し)っている
「しり」は
何(なん)でしょうか。

こたえは　つぎの　ページ

なぞ
13
こたえ

ながす

うんこの後に
ひつようなのは
ながす（＝な・ガス）ことです。

ジャ〜〜〜
バイバーイ

なぞ
14
こたえ

ものしり

たくさんの　ことを　知って
いる　しりは　「ものしり」です。

フムフム
うんこのすべて

1しょう
2しょう
3しょう
4しょう
じごくのページ

なぞ15

うんこを　すると　すっきり。
では、やくそくを　するのは
どんな「きり」でしょうか。

なぞ16

中学生（ちゅうがくせい）・高校生（こうこうせい）・
大学生（だいがくせい）がいます。
うんこが　くさいのは
だれでしょうか。

こたえは　つぎの　ページ

なぞ15
こたえ

ゆびきり

やくそくを　する　ときの
「きり」は
「ゆびきり」です。

なぞ16
こたえ

大学生

大学生は
「だい・が・くせえ」ので
「だい（＝うんこ）が　くさい」
です。

1しょう
2しょう
3しょう
4しょう
じごくのページ

しょう

めくってね

つぎの　ページから
なぞなぞが　はじまるよ！

なぞ17

こまった　おじさん

あたまが
つるつるの　おじさんが
トイレで　うんこを
しました。

UNKO
UNKO

うんこを したあと、
おじさんは とても こまってしまいました。
どうしてでしょうか。

ヒント　あたまが　つるつるなので　○○が　ないぞい。

こたえは　つぎの　ページ

なぞ
17
こたえ
かみが なかったから。
ありがとう!!!
あの・・・よかったらどうぞ・・・

どうして？
あたまが　つるつる
かみ（髪）が　ない。
かみ（紙）が　ない。
Yeah!!
ぶりぶり LIVE
かみ（紙）で　うんこを　ふいて
スッキリ！　よかったのう。

なぞ18

うんこざむらいを　たすけよう！

うんこざむらいの　後ろから
うんこで　できた　弓矢が
とんできました。

この かんばんに
線を 2本 足して
うんこざむらいに 気づかせて
あげます。
どんな 言葉に なるでしょう。

ウンコを 見て！
うんこざむらい

ヒント
「ン」と 「コ」の 文字に
それぞれ 1本ずつ 線を 足すのじゃ！

こたえは つぎの ページ

なぞ18
こたえ

ウシロを見て！

後ろ（ウシロ）を見れば
うんこの弓矢に
気づけます。

ムムッ！

どうして？

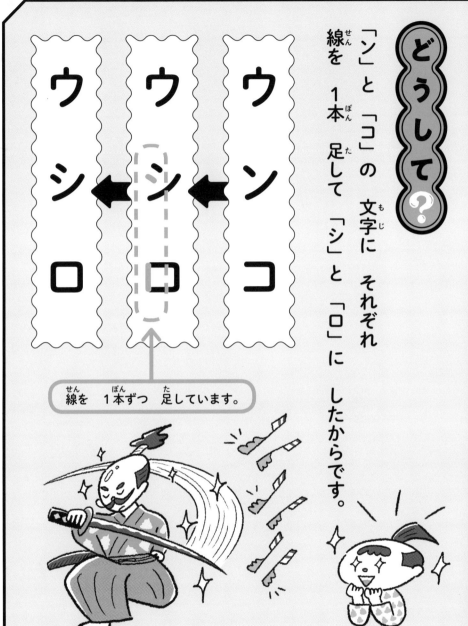

「ン」と「コ」の 文字に それぞれ 線を 1本 足して 「シ」と「ロ」に したからです。

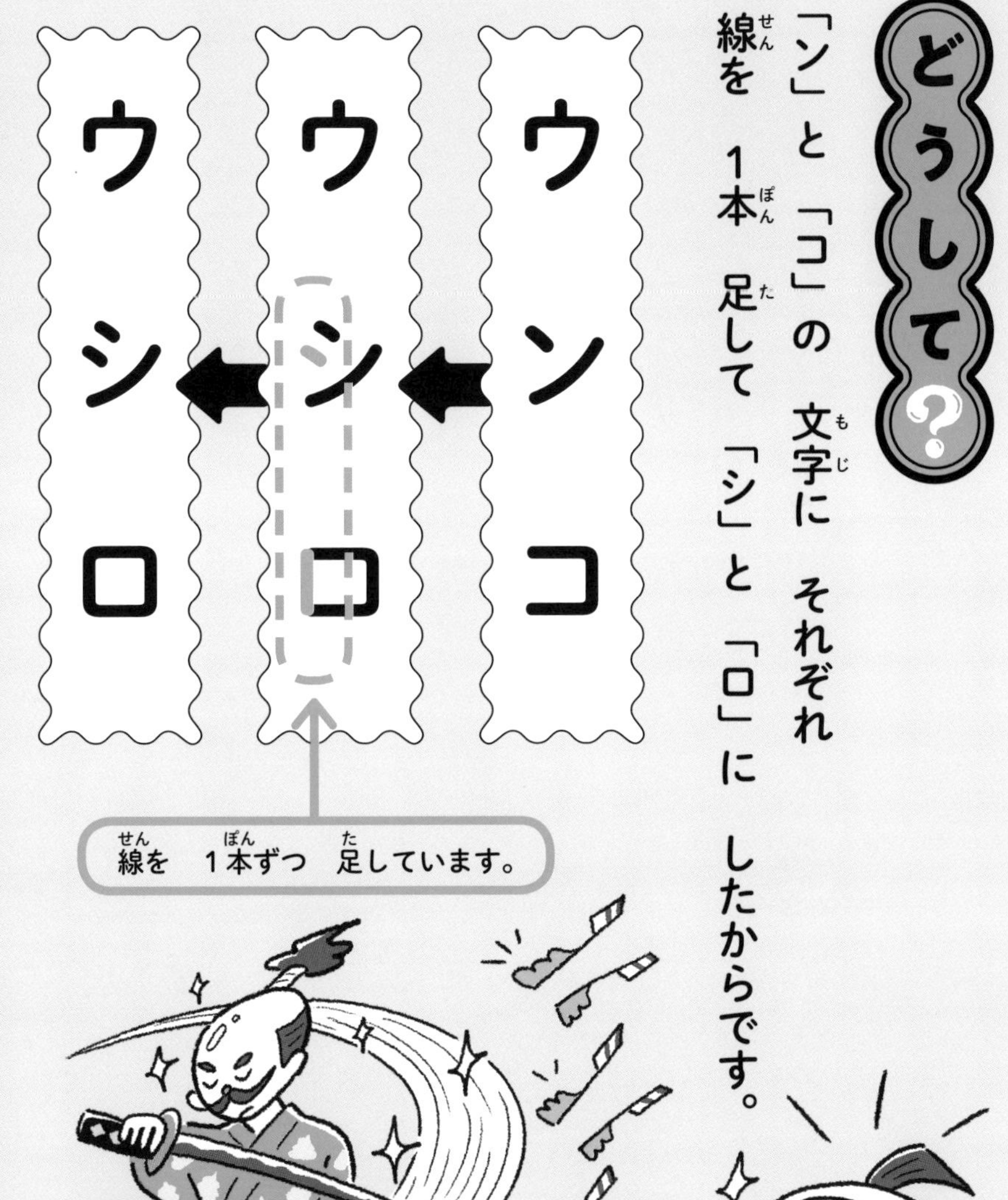
ウンコ
ウシロ
ウシロ
線を 1本ずつ 足しています。

お見事！うんこざむらいは すべての 弓矢を 切りおとしたぞい！

BRAKE

きゅうけいのページ

うんこ先生の しゅみを しょうかいします。

ざつ学が すきで
とっても
もの知りです。

けんこうに
よいと 聞いたら
何でも すぐに
やって みます。

自分で 考えた
「新しい 漢字」が
本に なることが ゆめです。
（すでに 1000こ 考えて います）

はみ出しじょうほう：うんこ先生は 大すきな チョコレートを 見ると はなの 下が のびます。

なぞ 19

うんこ小学校(しょうがっこう)の
みんなで 習字(しゅうじ)を
しました。

下(した)の 2つの うち
「うんこ」は
どちらでしょうか。

べん

べん

べん

べん

習字

← こたえは つぎの ページ

なぞ19こたえ

大きいほうの　べん

小さい → べん

大きい → べん

大きい　べん → だいべん（大便） → うんこ

小さい　べん → しょうべん（小便） → おしっこ

うんこ
とくべつしょう
べん

なぞ 20

ふしぎな　ゆめを　みました。
「かつお」と
「くま」と
「かえる」の
後ろすがたを　見る　ゆめです。

3びきの　後ろすがたを
見ていたら
何かが　出てきました。
何でしょうか。

ヒント｜それぞれの　文字の　「おしり」に　注目じゃ！

こたえは　つぎの　ページ

なぞ20 こたえ

おまる

3びきの いきものの おしりの 文字(もじ)を 読(よ)むと 「おまる」に なります。

かつお
くま
かえる

おまる

なぞ 21

うんこを　がまんして
いたら
おなかが　いたく
なりました。
すると、とつぜん
お金を　はらいたく
なりました。
なぜでしょうか。

こたえは　つぎの　ページ

なぞ
21
こたえ

はらいたいから。

おなかが　いたいと
お金を「はらいたく」なります。

おなかが　いたい
←
はら・いたい
←
はらいたい

WC

なぞ
22
たろうくんは
うんこを　2こ
もって　いました。
とつぜん　あらわれた
男に　うんこを
とられました。
しかし、たろうくんが
もって　いる　うんこの
数は　2この　ままでした。
どうしてでしょうか。
UNK

こたえは　つぎの　ページ

なぞ
22
こたえ

うんこをしゃしんにとられたから。

しゃしんにとられても
うんこの数(かず)はへりません。
よかったですね。

なんだ！
お父(とう)さんか！

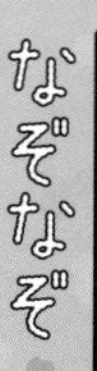

なぞ 23

うんこが　出る　ときの
音は「ぶりぶり」です。
では、雨が
たくさん　ふるのは
どんな「ぶり」でしょうか。

こたえは　つぎの　ページ

なぞ23 こたえ

どしゃぶり もしくは ざあざあぶり

やねの　ある　トイレで
うんこを　した　ほうが　よいですね。

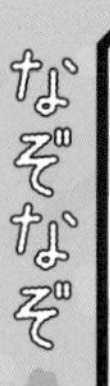

なぞ
24

うんこを　する　場所を
交番で　たずねたら
こんな　メモを　わたされました。

こ↑ん

トイレは　どこに　あるでしょうか。

KOBAN

BOY

← こたえは　つぎの　ページ

なぞ
24
こたえ

公園(こうえん)

トイレは「公園(こうえん)」にあります。

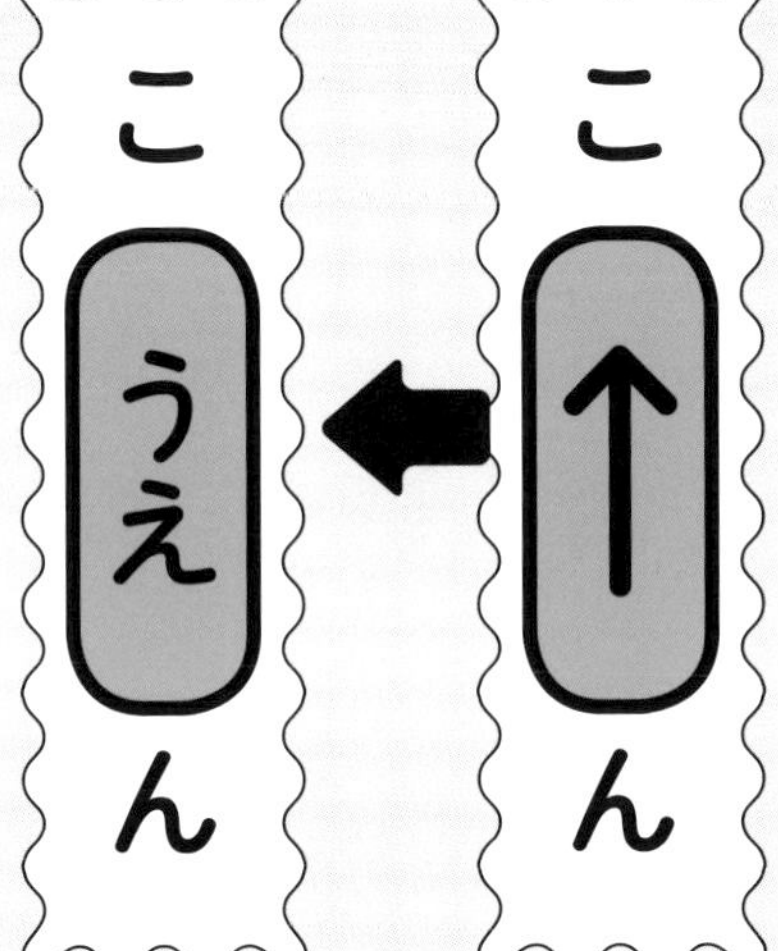
こ↑ん
こうえん

トイレ
ぶりぶりこうえん
BOY

なぞ25

ぶりぶりすいぞくかん

水族館に　来ました。

魚の　体に　ある「うんこ」と　1文字ちがいのものは　何でしょうか。

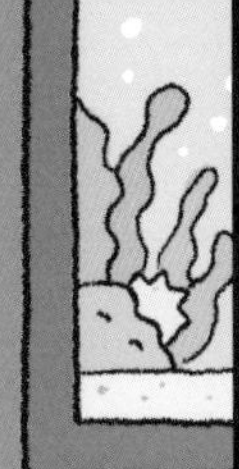

こたえは　つぎの　ページ

なぞ25 こたえ

うろこ

魚の体にあるのは「うろこ」です。

うんこ

うろこ

1文字ちがいます。

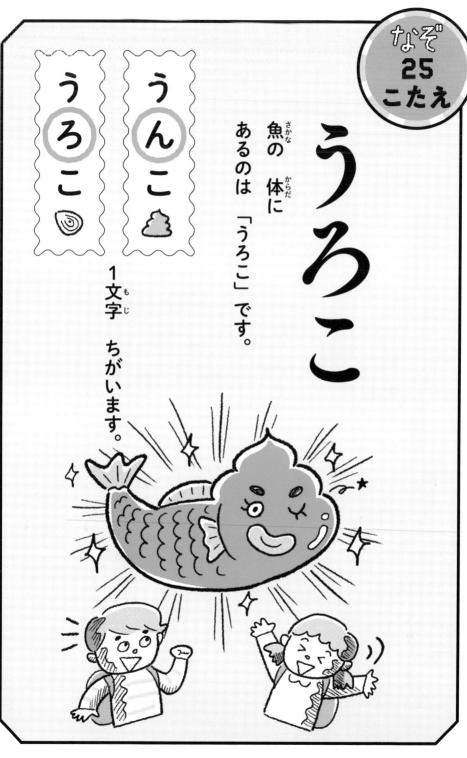

2しょう

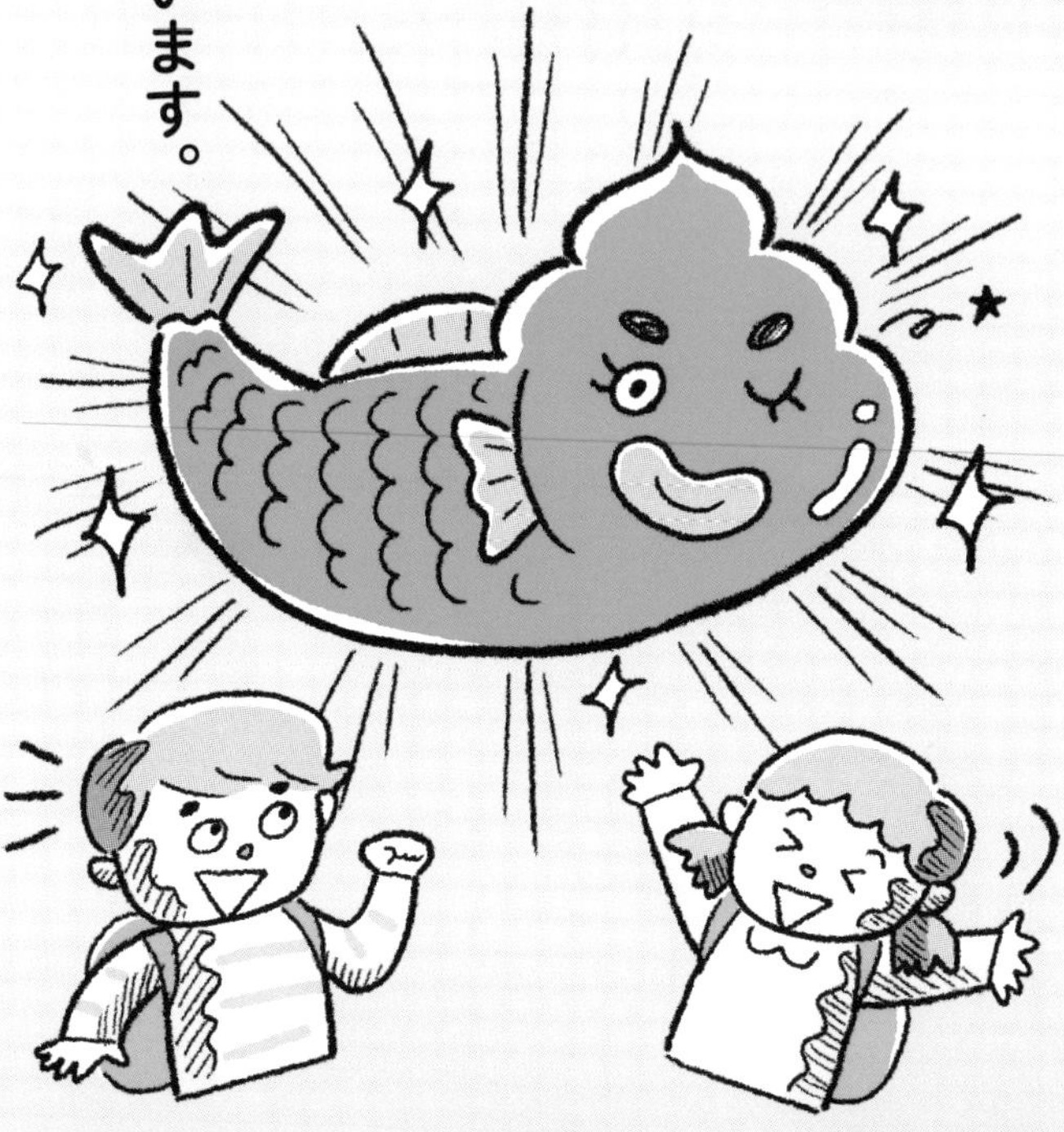

なぞ26

木の　いたを　ならべて「ウンコ」の　文字を作りました。
木の　いたを　1まいとったら　かわいい生きものに　なりました。
何に　なったでしょうか。

こたえは　つぎの　ページ

なぞ
26
こたえ

ワンコ

いたを　1まい　とったら
ウンコが　ワンコに
かわりました。

この　ぶぶんを　とると…

ウンコ

ワンコ

ワンコ

1しょう
2しょう
3しょう
4しょう
じごくのページ

なぞ 27

うんこを　かばんに
入れている　どうぶつは
何でしょうか。

なぞ 28

うんこを　ふんで
「も〜！」と
おこっている
どうぶつは
何でしょうか。

こたえは　つぎの　ページ

なぞ27こたえ

かば

かばなので
かばんを　つかいます。

なぞ28こたえ

うし

うしなので
「も〜!」と
おこります。

なぞ29

とっても
どきどき　わくわくする
💩は　何でしょうか。

なぞ30

トイレットペーパーで
ふくのは　うんこです。
では、口で　ふくのは
何でしょうか。

こたえは　つぎの　ページ

なぞ
29
こたえ

こうふん

💩を見つけると、
とても こうふんします。

なぞ
30
こたえ

口ぶえ

口で ふくのは
口ぶえです。

1しょう
2しょう
3しょう
4しょう
じごくのページ

なぞ31

うんこを　出す　ときに
おしりから　出る
においが　しない　ものは
何でしょうか。

なぞ32

山から　うんこが
とんできました。
これは　何でしょうか。

こたえは　つぎの　ページ

なぞ31こたえ

音

音は　どれだけ　出ても
においが　しません。

なぞ32こたえ

ふんか

たいへん！
いそいで　にげましょう。

BREAK

きゅうけいのページ

うんこ先生の　4コマまんがです。

大きな　うんこ

せかいで　一番
大きな　うんこを
出したいのじゃ！

がんばるぞい！

ものすごく
がんばるぞい！
プルプル

ドーン!!
うんこ先生の　うんこ
地球

BREAK

きゅうけいのページ

どこで　うんこ？

うんこが　したいのう。
どこで　しようかのう。
う〜ん、　う〜ん…
W.C
うーん　ここじゃ！
ナイスだじゃれ！
し〜ん…
ヒュ〜

コンビニ

おや？　新しく　お店が　できておるぞ。
どれどれ　何の　お店かのう。
コンビニ
ああ、　コンビニエンスストア…
うんコンビニ
…じゃない！
うんコンビニエンス　ストアじゃぁぁ！　うれしいぞい！

郵便はがき

料金受取人払郵便

芝局承認

6889

差出有効期限
2020年12月
31日まで
（切手は不要です）

105-8790

216

東京都港区虎ノ門2-2-5
共同通信会館9F

株式会社 文響社 行

フリガナ	
お名前	
ご住所 〒 都道府県 区町市郡 建物名・部屋番号など	
電話番号	Eメール
年齢 才	性別 □男 □女
ご職業（ご選択下さい） 1. 学生〔小学・中学・高校・大学(院)・専門学校〕 2. 会社員・公務員 3. 会社役員 4. 自営業 5. 主婦 6. 無職 7. その他（ ）	
ご購入作品名	

より良い作品づくりのために皆さまのご意見を参考にさせていただいております。
ご協力よろしくお願いします。

A. 本書を最初に何でお知りになりましたか。

1. 新聞・雑誌の紹介記事(新聞・雑誌名　　　　　　)　2. 書店で実物を見て　3. 人にすすめられて
4. インターネットで見て　5. 著者ブログで見て　6. その他(　　　　　　)

B. お買い求めになった動機をお聞かせください。(いくつでも可)

1. 著者の作品が好きだから　2. タイトルが良かったから　3. 表紙が良かったので
4. 内容が面白そうだったから　5. 帯のコメントにひかれて　6. その他(　　　　　　)

C. 本書をお読みになってのご意見・ご感想をお聞かせください。

D. 本書をお読みになって、
良くなかった点、こうしたらもっと良くなるのにという点をお聞かせください。

E. 著者に期待する今後の作品テーマは?

F. ご感想・ご意見を広告やホームページ、
本の宣伝・広告等に使わせていただいてもよろしいですか?

1. 実名で可　2. 匿名で可　3. 不可

ご協力ありがとうございました。

会話は、
とぎれていい
愛される
48の
ヒント
加藤綾子
失敗を楽しく話す。
「目を見て話す」にこだわらない…
仕事とプライベートが
うまくいく、「話し方」「聞き方」
「気遣い」の秘訣

会話は、とぎれていい

愛される48のヒント

7万部突破!

加藤綾子

上司から、パートナーから・・・周りの人から愛されるヒントがこの一冊に！目を見て話さなくたっていい、盛っていい話、ダメな話―人気アナウンサー 加藤綾子さんが数々の話し方の達人の隣で学んだ「会話の本質」とは？

定価（本体1,180円＋税）　ISBN978-4-86651-122-1

SHIPPAI ZUKAN
大野正人
失敗図鑑
すごい人ほどダメだった！
12万部突破！
勇気がわいてくる
「意味わからん」と言われる。

失敗図鑑

すごい人ほどダメだった！

12万部突破!

大野正人

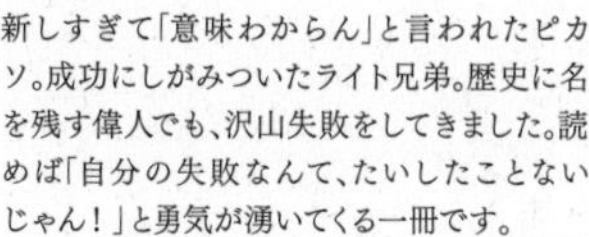

新しすぎて「意味わからん」と言われたピカソ。成功にしがみついたライト兄弟。歴史に名を残す偉人でも、沢山失敗をしてきました。読めば「自分の失敗なんて、たいしたことないじゃん！」と勇気が湧いてくる一冊です。

定価（本体1,200円＋税）　ISBN978-4-86651-059-0

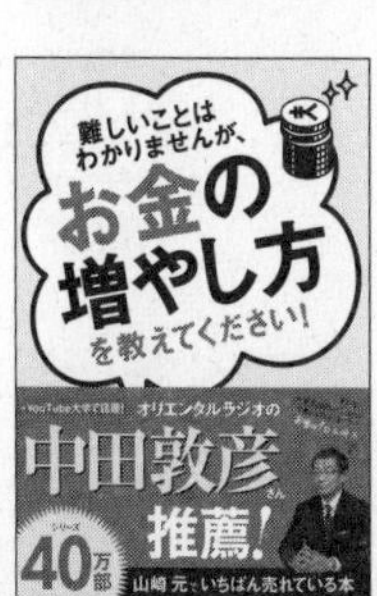

難しいことはわかりませんが、
お金の増やし方を教えてください!
オリエンタルラジオの
中田敦彦さん
推薦!
シリーズ40万部
山崎元さんがいちばん売れている本

難しいことはわかりませんが、お金の増やし方を教えてください！

26万部突破!

山崎元 、大橋弘祐

定期預金しか知らない「ド素人」が、東大卒、外資系証券や保険など金融12社を渡り歩いた「お金のプロ」山崎元氏に、なるべく安全なお金の増やし方を聞いてきました。

定価（本体1,380円＋税）　ISBN978-4-905073-24-6

THE RICHEST MAN IN BABYLON
漫画
バビロン
大富豪の教え
「お金」と「幸せ」を生み出す五つの黄金法則
100年読み継がれる
世界的
ベストセラー
お金の名著、ついに漫画化!

漫画
バビロン大富豪の教え

8
万部
突破!

原著:ジョージ・S・クレイソン
漫画:坂野旭　脚本:大橋弘祐

世界的ベストセラー、100年読み継がれるお金の名著が、待望の漫画化!お金に悩まされる現代人に、お金に縛られず、充実した人生を送る方法を教えてくれます。

定価(本体1,620円+税)　ISBN978-4-86651-124-5

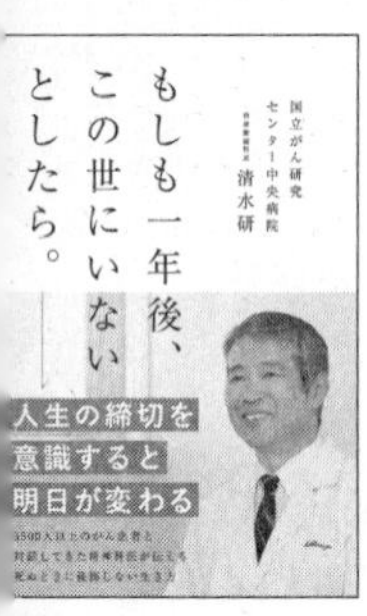
もしも一年後、
この世にいない
としたら。
国立がん研究
センター中央病院
清水研
人生の締切を
意識すると
明日が変わる

もしも一年後、この世にいないとしたら。

7万部突破!

清水研

がん患者さん専門の精神科医が今、生きづらさを感じているすべての人に伝えたいこと。人生の締切を意識すると、明日が変わる。もしも1年後この世にいないとしたら、今やろうとしていることを続けますか。

定価(本体980円+税)　ISBN978-4-86651-146-7

キキとジャックス
なかよしがずっとつづく かたづけのまほう

2
万部
突破!

キキとジャックス
なかよしがずっとつづく かたづけのまほう
こんまり初の絵本
「おかたづけ」の楽しさに初めて出会う本

作:こんどうまりえ
絵と文:サリナ・ユーン

【「おかたづけ」の楽しさに初めて出会う本】
世界的な片づけコンサルタント、近藤麻理恵初の絵本!

定価(本体1,380円+税)　ISBN978-4-86651-161-0

3 しょう

めくってね

つぎの　ページから
なぞなぞが　はじまるよ！

なぞ33

校長先生は　どこに？

うんこ小学校の　校長先生が
うんこを　した　後に
いなくなって　しまいました。

校長先生は　どこに
行ったでしょうか。

うんどうじょうらぐは

ヒント
矢じるしの　むきは　文字を　読む　じゅん番と
かんけいして　いるぞい！

こたえは　つぎの　ページ

なぞ 33 こたえ

グラウンド

校長先生はグラウンドにいました。

1しょう

2しょう

3しょう

4しょう

じごくのページ

どうして？

矢(や)じるしの　むきに　そって　文字(もじ)を　読(よ)むと
「こたえは　ぐらうんど」に　なるからです。

ここから　読(よ)みます。

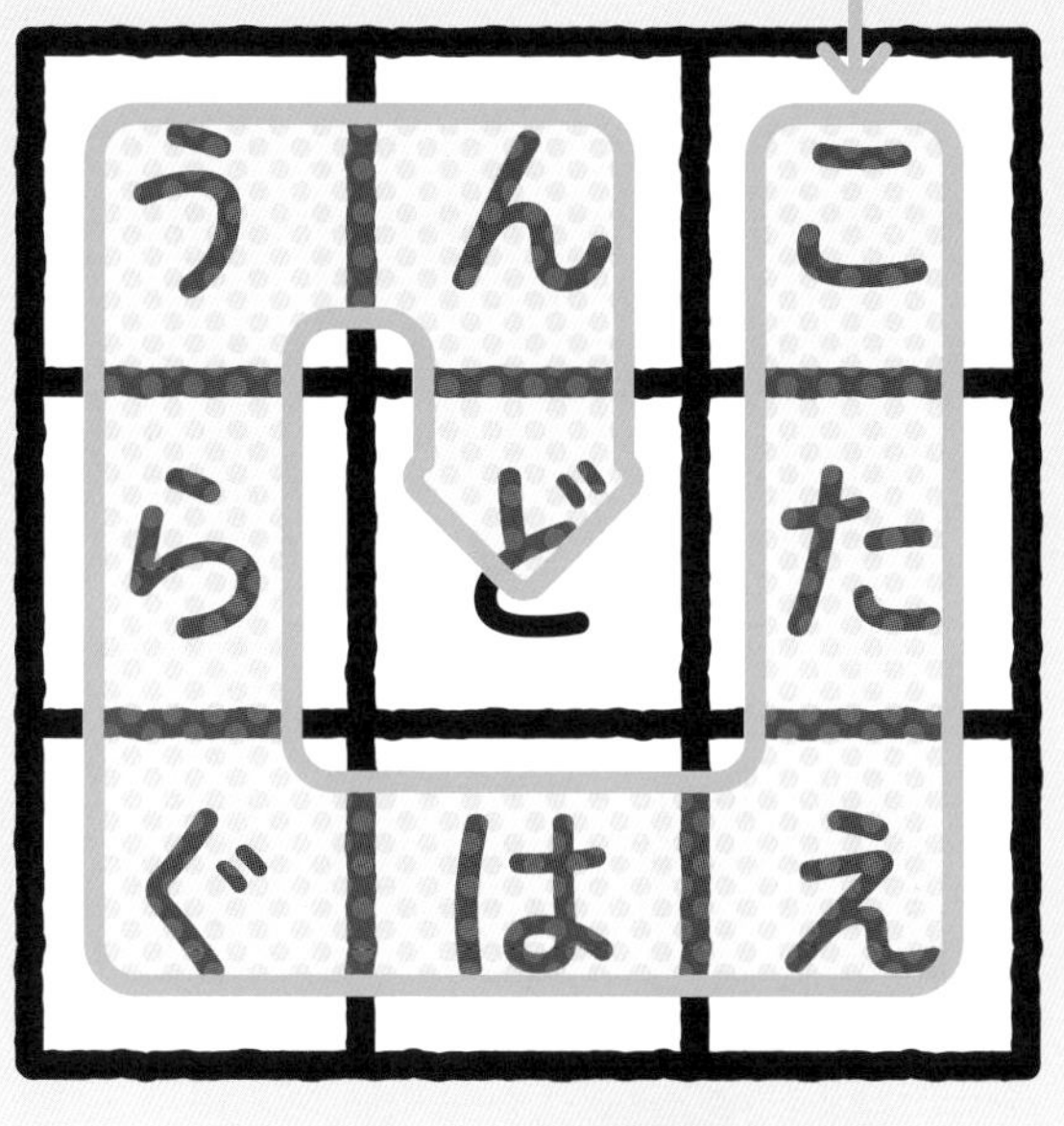
う
ん
こ
ら
ど
た
ぐ
は
え

うんこを
したあとは
からだがかるい！
キャー

うんこを　すると　はやく
走(はし)れるのかも　しれんのう。

なぞ34

うんこ小学校の　プリント

うんこ小学校から
プリントを
もらって　きました。

1ねん1くみうんこつうしん

☆☆☆☆☆☆

10がつのぎょうじの
おしらせ

うんこ
どっこ
こうか
たいっこ

こけし

たぬき

さて、この 行事（ぎょうじ）は 何（なん）でしょうか。

ヒント
「たぬき」＝「た」を ぬくと いう いみじゃ。
「こけし」＝「こ」を けすと いう いみじゃぞい。

こたえは つぎの ページ

なぞ34 こたえ

うんどうかい

うんこ小学校運動会のお知らせでした。

大うんこころがし

どうして？
「た」と「こ」を とばして 読むと
「うんどうかい」に なるからです。
たぬき
「た」ぬき
「た」を ぬく。
こけし
「こ」けし
「こ」を けす。
うんこどこ
こうかたいこ
うんどうかい
たぬきと こけしも 運動会に
来たぞい！ びっくりじゃ！
※「こけし」とは 日本に むかしから ある 人形の ひとつです。

きゅうけいのページ

BREAK

うんこの　まめちしき

オドロキ！

産まれたばかりの
赤ちゃんの　うんこは
くさくありません。

たきたての
ごはんの　ような
においが　します。

※個人差が　あります。

なぞ 35

せかいには　いろいろな
国が　あります。
ある　国の　人は
みんな　うんこを
2本　出します。
それは　どこの
国でしょうか。

うんこは
2本出そう

← こたえは　つぎの　ページ

なぞ35 こたえ

日本（にほん）

みんなが　うんこを
2本（ほん）　出（だ）す　国（くに）は
「日本（にほん）（＝2本（ほん））」でした。

トイレ

やけいをみていたら
トイレにいきたく
なったわ！

がんばって
2本だして！

おうえん
してるよ！

1しょう

2しょう

3しょう

4しょう

じごくのページ

なぞ
36
トイレに
すんでいるのは
かみさまと
あくまの
どちらでしょうか。
バチ
バチ

こたえは　つぎの　ページ

なぞ36こたえ

かみさま

トイレに　すんで　いるのは
トイレットペーパーさま。
つまり
かみさま（紙さま↓神さま）です。

きょうもきみを
げんきにするぞ！
かみさま
ありがとう

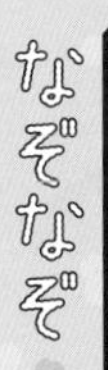

なぞ37

うんこが　出たり
小学生が　入ったり　する
場所が　あります。

それは　どこでしょうか。

こたえは　つぎの　ページ

なぞ37 こたえ

こうもん

（肛門・校門）

うんこが　出る　場所と
小学生が　入る　場所は
どちらも　「こうもん」　です。

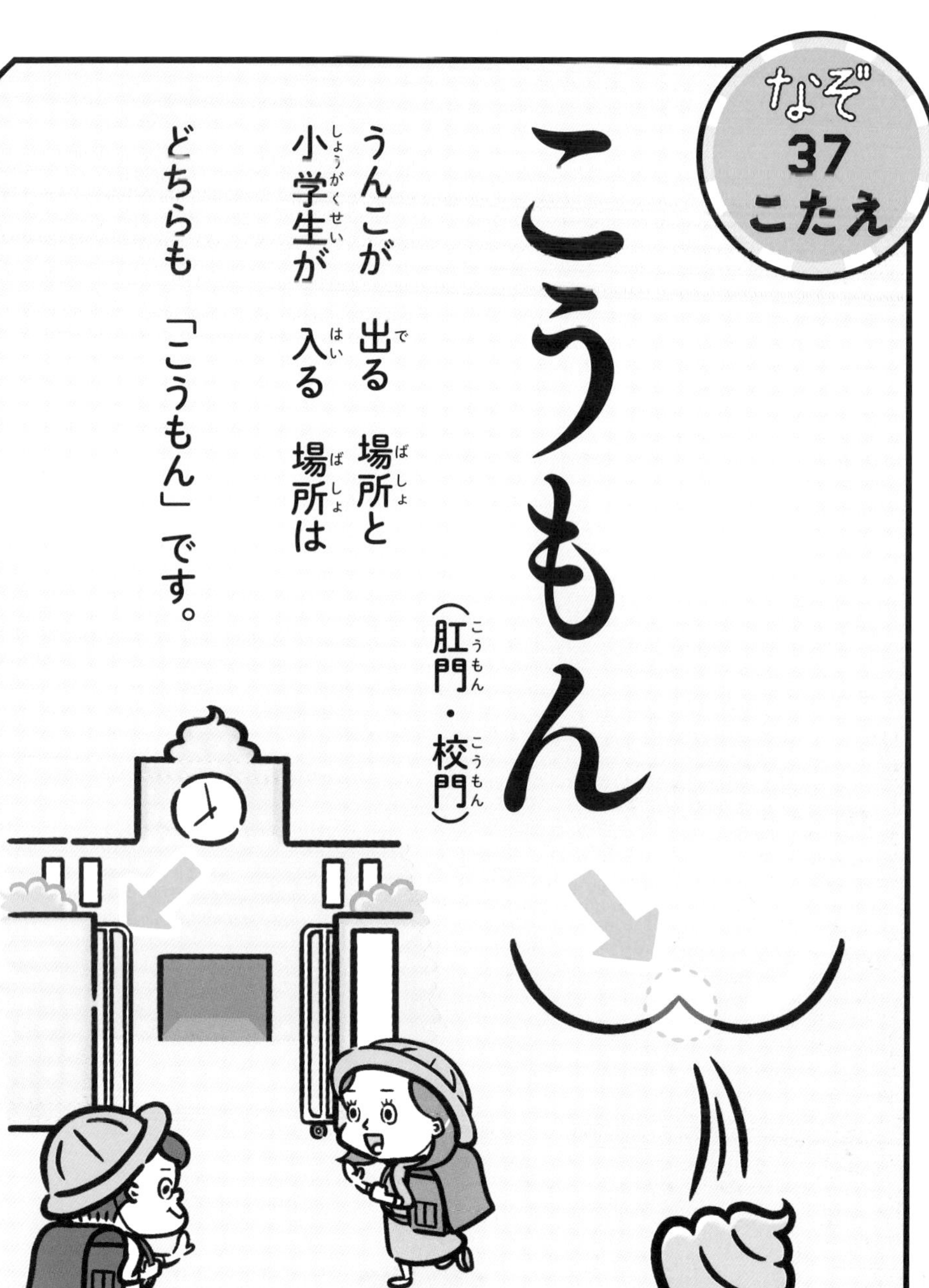

校門（学校の　門）
肛門（おしりの　あな）

なぞ
38

うんこの　頭(あたま)を
気(き)に　していたら
うんこが　べつの　ものに
なりました。

何(なに)に　なったでしょうか。

?

ヒント　うんこの　頭(あたま)を　「き」に　すると…？

こたえは　つぎの　ページ

なぞ38こたえ

きんこ

（金庫(きんこ)）

「うんこ」の　頭(あたま)の　1文字(もじ)を
「き」に　すると
「きんこ」に　なります。

うんこ ← きんこ

うんこの
かたちした
きんこになったぞ

こ、こんな
じけんは
はじめてだ

なぞ39

うんこが　したくて
トイレを　さがしていたら
こんな　へやを　見つけました。

へんしょ

ここで　うんこを　するには
どこに　゛(てんてん)を　つけたら
よいでしょうか。

へんしょ

ヒント　てんてんを　つける　ところは　2かしょ　あるぞい！

こたえは　つぎの　ページ

なぞ39こたえ

「へ」と「し」の右上(みぎうえ)

「へ」と「し」の 右上(みぎうえ)に
「゛」(てんてん)を つけると
「べんじょ」に なります。

へんしょ

べんじょ(便所(べんじょ))

なぞ40

おじいちゃんが　書いた　メモを　見つけました。

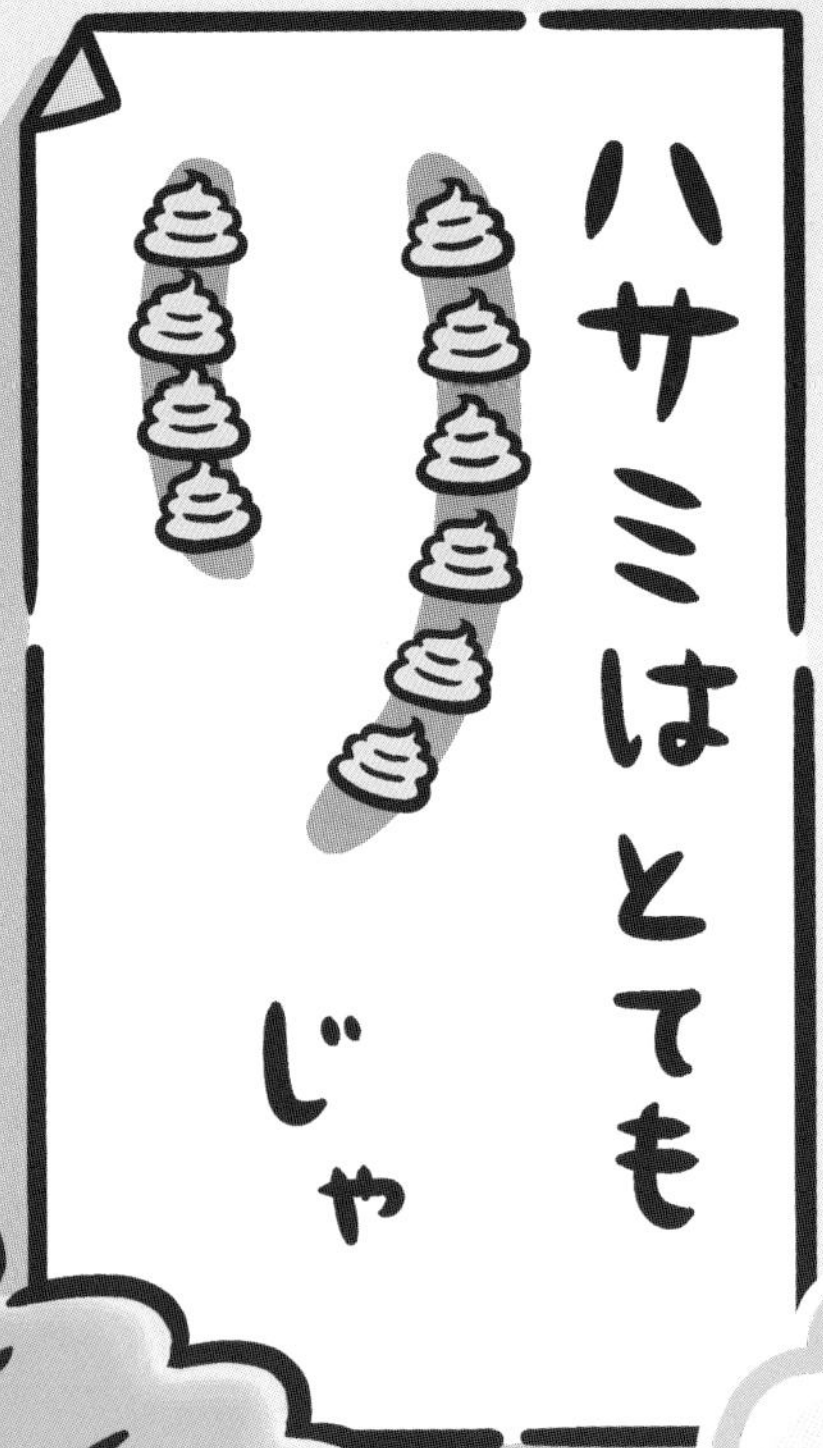

ハサミはとても
じゃ

何と　書いてあるでしょうか。

ヒント　うんこ（＝べん）で　ひらがなの　「り」が　書かれておるぞ。

こたえは　つぎの　ページ

なぞ
40
こたえ

ハサミは とても **べんり** じゃ

で「り」と
書いて いる 部分は
「べんり」と 読みます。

うんこを
どんどん
切れて
べんりじゃ
チョキン
それは
いいけど
どうしてふつうに
メモしなかったの？

なぞ 41

うんこ公園に　行きました。
すると、たくさんの
子どもたちが
うんこでは　なく
うん○○に
ぶら下がって　いました。
うん○○とは
何でしょうか。

こたえは　つぎの　ページ

なぞ 41 こたえ

うんてい

うんこにはぶら下(さ)がれませんが
うんていならぶら下(さ)がれます。

U

なぞ 42

トイレで
ふんばった　ときに
出る(で)のは「うんこ」です。
では、
トイレで　ふんばった　ときに
入る(はい)のは　何(なん)でしょうか。

こたえは　つぎの　ページ

力（ちから）

トイレで　ふんばると
力が　入ります。
がんばって　力を　入れて
いい　うんこを　出しましょう。

なぞ 43

くしゅん

くしゃみや
鼻水(はなみず)が
とまらなくなる
💩(ふん)は
何(なん)でしょうか。

なぞ 44

💩(ふん)が　年(とし)を
とったら
下着(したぎ)に　なりました。
何(なん)でしょうか。

こたえは　つぎの　ページ

なぞ43 こたえ

かふん（花粉）

花粉が たくさん とぶ
きせつは ちゅういしましょう。

くしゅん
くしゅん
くしゅん

なぞ44 こたえ

ふんどし

ふんが 年を
とるから
ふんどしです。

なぞ 45

うんこ先生(せんせい)は「きいろ」です。では、まよって しまうのは どんな「いろ」でしょうか。

?いろ

ヒント　3文字(もじ)じゃ！

なぞ 46

うんこ先生(せんせい)は みんなの「アイドル」です。では、おならを する 犬(いぬ)は どんな「ドル」でしょうか。

ヒント　おならの 音(おと)は プーじゃ！

こたえは つぎの ページ

なぞ 45 こたえ

めいろ

まよって しまう 「いろ」は 「めいろ」です。

なぞ 46 こたえ

プードル

「プー」と おならを する 「ドル」は プードルです。

なぞ 47

げりに　なると　おなかが
ピーピーします。
では、うんこが　出て
うれしいと　どんな
「ピー」に　なるでしょうか。

なぞ 48

つりを　する　ときには
つりばりが　ひつようです。
では、うんこを　出すには
どんな　「ばり」が
ひつようでしょうか。

こたえは　つぎの　ページ

なぞ47こたえ

ハッピー

うんこが　出る(で)と　とっても
ハッピー（しあわせ）ですね。

なぞ48こたえ

ふんばり

うんこを　出す(だ)　ときは
ふんばりが　ひつようです。

「がんばり」でも　正(せい)かいじゃよ！

しょう

めくってね

つぎの　ページから
なぞなぞが　はじまるよ！

なぞ
49

どっちの チーム？

あるチームと ないチームが あります。

あるチーム
ぞうさん
数とうぶんの
うんこ

ないチーム

ねこちゃん
数ひきぶんの
うんこ

しっこく
ゴロゴロの
おなか
おなかいたい！
行くのはトイレ

いつも
ピーピーの
おなか
おなかすいた！
行くのは
レストラン

「うんこ音が　くる」は
どちらの　チームに　入るでしょうか。

ヒント　小学校の　時間わりひょうを　思い出すのじゃ！

こたえは　つぎの　ページ

なぞ49 こたえ

あるチーム

「あるチーム」には、小学校の じゅぎょうを あらわす 言葉が 入っています。

ぞうさん 数とうぶんの うんこ ⬇ さんすう

しつこく ゴロゴロの おなか ⬇ こくご

おなか いたい！行くのは トイレ ⬇ たいいく

うんこ 音が くる ⬇ おんがく

なぞ 50

うんこが　出る　ときの
音は　「ぶりぶり」　です。
夏休みが　おわって
友だちと　会うのは
「◯◯◯ぶり」　です。
◯◯◯に　入る
言葉は　何でしょうか。

こたえは　つぎの　ページ

なぞ50 こたえ

ひさしぶり

ひさしぶりに
友達と　会えて
とても
うれしいですね。

ぱんつに ついたぞ
うんこ あらいなさい

なぞ 51

どうぶつ園で
ふしぎな メモを 見つけました。

この メモの 中に
どうぶつが 3とう かくれて います。
何でしょうか。

ヒント ― 1とう目は 「ぞう」 じゃ！

こたえは つぎの ページ

なぞ51
こたえ

ぞう・コアラ・さい

メモを よく 見ると 3とうの どうぶつが います。

ぱんつに ついたぞ うんこ あらいなさい

ぞう

コアラ

さい

1しょう
2しょう
3しょう
4しょう
じこくのページ

なぞ52

うんこが　もれそうな
おじさんが
「ガマン」を　しています。
すると　後ろに
みどり色で　ちょっぴり
にがい　やさいが　あらわれました。
名前は「○○マン」です。
何でしょうか。

こたえは　つぎの　ページ

なぞ52 こたえ

ピーマン

うんこを　ガマンして　いる
おじさんの　後ろに
あらわれた　やさいは
ピーマンでした。

なぞ 53

小学校の 先生が 言いました。
「うんこは トイレで しましょう。
ちなみに 運動会では
○○いれを しますよ。」
何でしょうか。

?

こたえは つぎの ページ

なぞ
53
こたえ
たまいれ
うんこを　するのは　トイレ。
運動会(うんどうかい)で　するのは　たまいれです。

なぞ54

やんちゃな　おじさんと
おとなしい　おじさんが　います。
うんこを　する　ときに
音(おと)が　出(で)ないのは
どちらの　おじさんでしょうか。

こたえは　つぎの　ページ

なぞ54 こたえ

おとなしい おじさん

おとなしい ← 音・なし

おとなしい おじさんが うんこを する ときは 音が しません。

あんなに はげしく うんこを しても 音が しないのか!! こりゃ すごいぜ!

1しょう
2しょう
3しょう
4しょう
じごくのページ

なぞ
55
「うんこ」や 「おなら」を
出すと まけないのに
「ふん」や 「べん」を
出すと まけてしまう ゲームが
あります。
何でしょうか。

こたえは つぎの ページ

なぞ55
こたえ

しりとり

しりとりでは「ん」で おわる 言葉(ことば)を出(だ)すと まけです。

うんこ
おなら

ふん・ん・
べん

「ん」で おわらない

「ん」で おわる

まけない

まける

しりとり たのしいな！

うん とっても たのしい！

しょう 1
しょう 2
しょう 3
しょう 4
じごくのページ

なぞ 56

公園でうんこが　すわって
いる　いすは
何でしょうか。

ヒント｜うんこは　「べん」とも　いうぞい！

なぞ 57

風船の　中身を　ぬくと
うんこに　なりました。
なぜでしょうか。

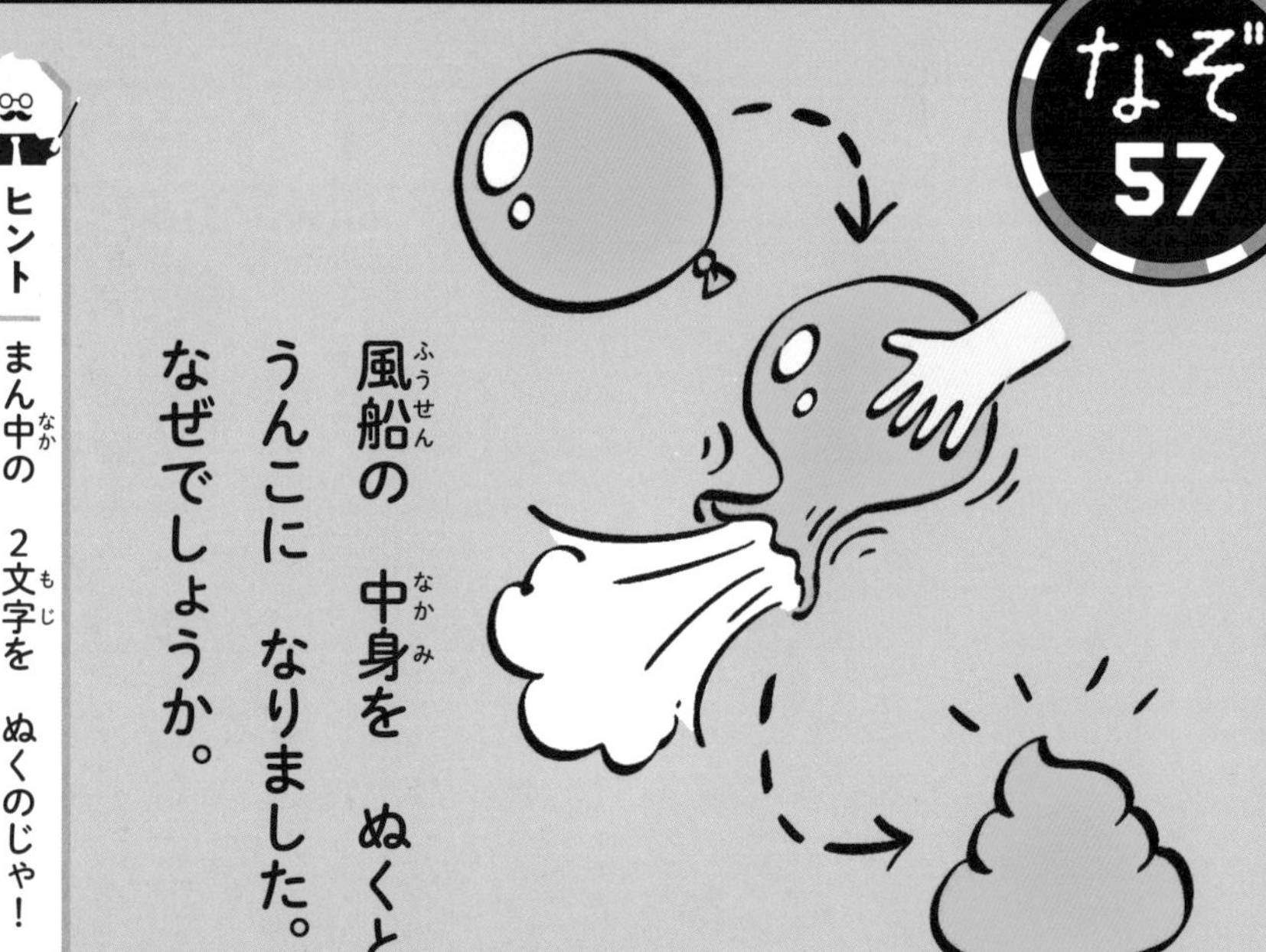

ヒント｜まん中の　2文字を　ぬくのじゃ！

こたえは　つぎの　ページ

なぞ
56
こたえ

ベンチ

うんこ（＝べ・ん・）が
すわっているから
ベ・ン・チです。

なぞ
57
こたえ

ふうせんの
なかみ（うせ）を
ぬいたからです。

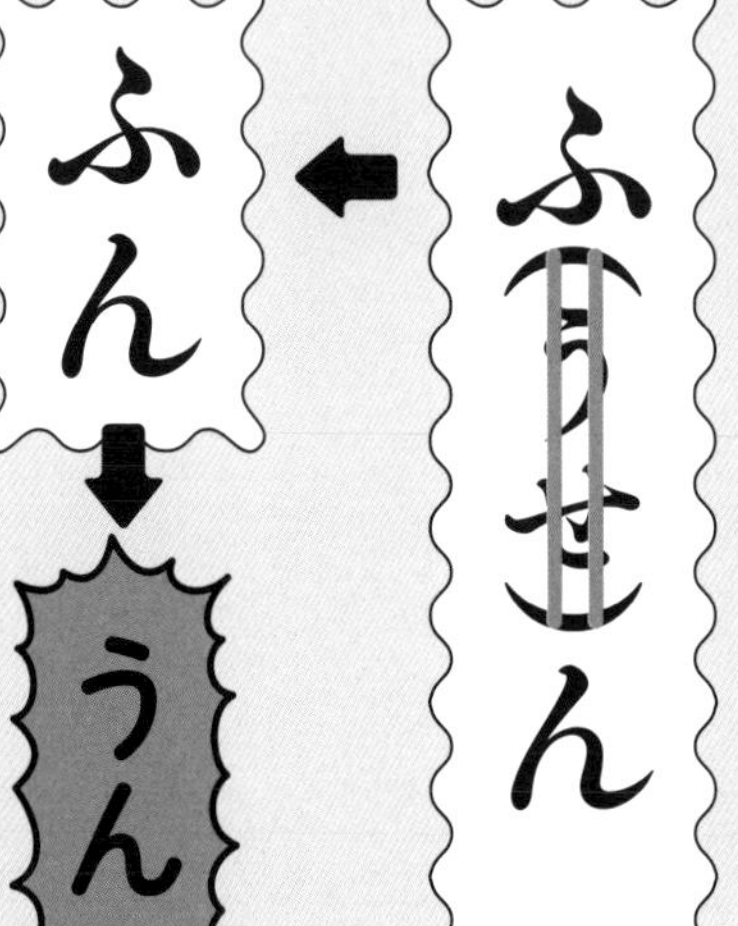
ふ（うせ）ん
ふん
うんこ

なぞ58

うんこを　ほろうと
したら　ある　道具(どうぐ)が
言葉(ことば)を　話(はな)しました。
どんな　道具(どうぐ)でしょうか。

ヒント
道具(どうぐ)が　言葉(ことば)を
「しゃべった」のじゃ。

なぞ59

カラスの　うんこに
［てんてん］を　つけたら
とうめいに　なりました。
なぜでしょうか。

こたえは　つぎの　ページ

なぞ58 こたえ

シャベル

言葉（ことば）を　しゃべる
道具（どうぐ）は
シャベルです。

ぼくは　しゃべるのが
すきな　シャベルさ！

なぞ59 こたえ

ガラス

のうんこに
なったから

カラスの　うんこ
゛（てんてん）を　つけると…
ガラスの　うんこ

なぞ60

うんこにも　おしりにも
かんけい　ないのに
「しり」から　はじまる
けんさは　何(なん)でしょうか。

なぞ61

くさ

くさく　ないのに
「くさ」が　つく　しりは
何(なん)でしょうか。

ヒント
にわが　きれいに　なるぞい！

こたえは　つぎの　ページ

なぞ60こたえ

しりょくけんさ

（視力検査）

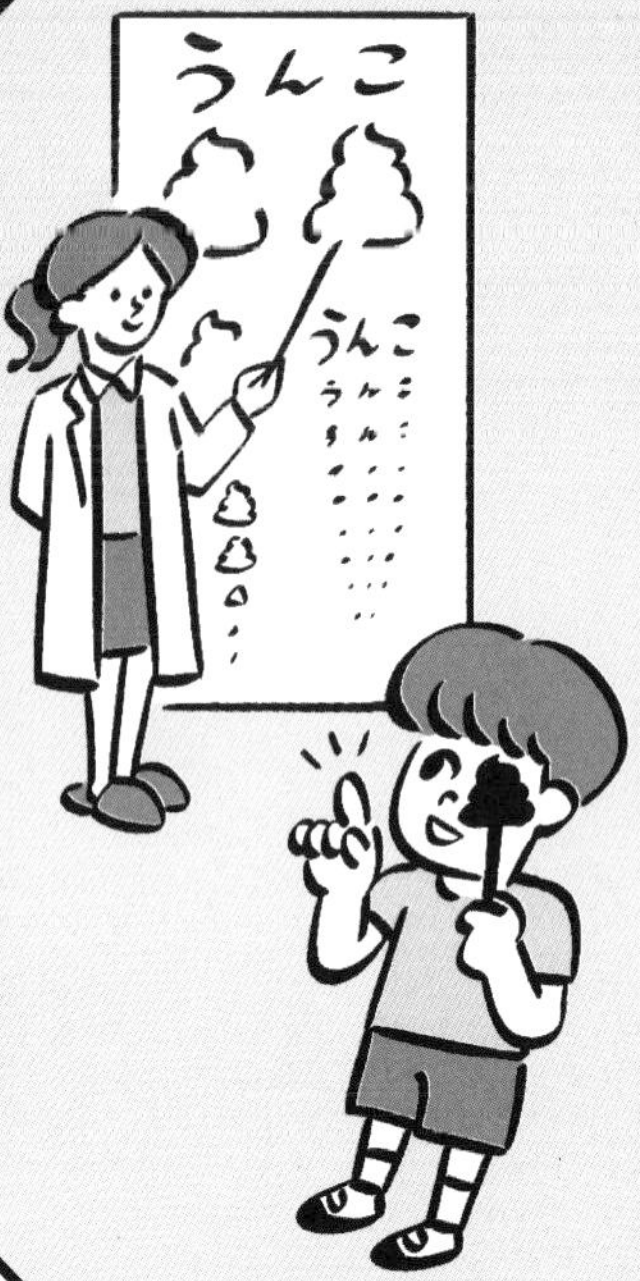

しりょくけんさには
うんこも　おしりも
かんけい　ありません。

なぞ61こたえ

草むしり

草むしりは
くさく　ない
しりですね。

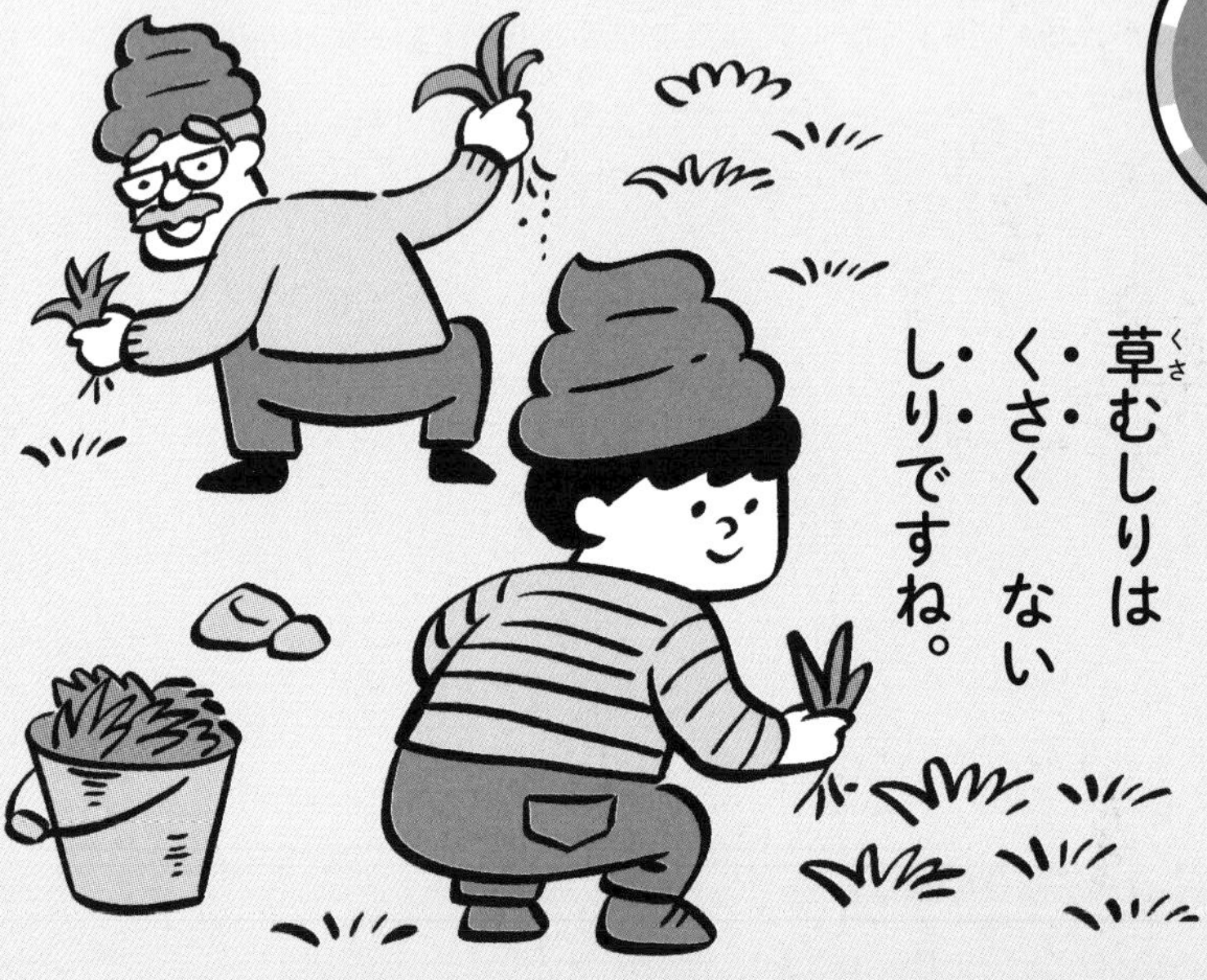

とっても　てごわい

もじもじくん

ゆっくり　ページを
めくりましょう。

じごくのページ
なぞ

さいごの　あんごうに　ちょうせん！

うんこを　さがして　歩(ある)いて　いたら
じごくに　まよいこんで　しまいました。

この あんごうを とくと じごくから 出られます。

なぞ10
なぞ37
なぞ25
なぞ59
なぞ6

ヒント

●今まで 出てきた すべての なぞなぞを とくべし
●数字の こたえの おしりを つなげるべし

あんごうの こたえは 何でしょうか。

ヒント　あの 数字の 形は この本の どこかで 見たような 気が するぞい！

← こたえは つぎの ページ

じごくの
ページ
こたえ

うんこスキ

あんごうの　こたえは　「うんこスキ」　でした。

だっしゅつ　できたぞい！

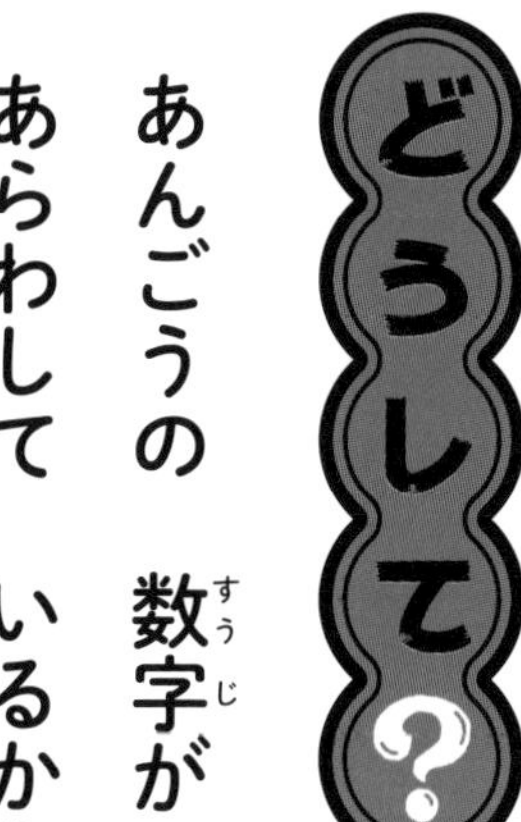
どうして？

あんごうの 数字が この 本の なぞなぞ番号を あらわして いるからです。

なぞの こたえ

こたえの おしりの 文字

なぞ
10
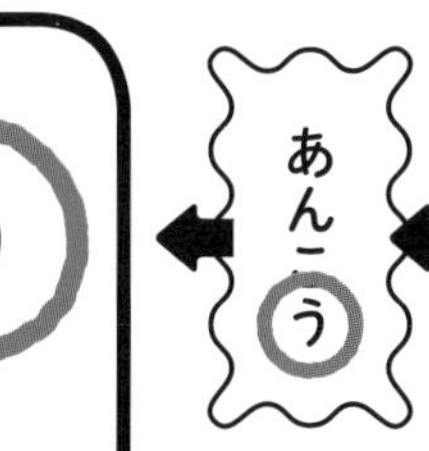
あんこう
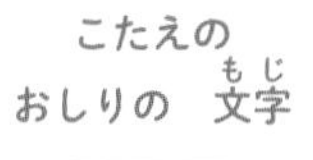
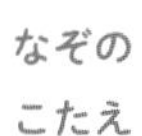

なぞ
37

こうもん
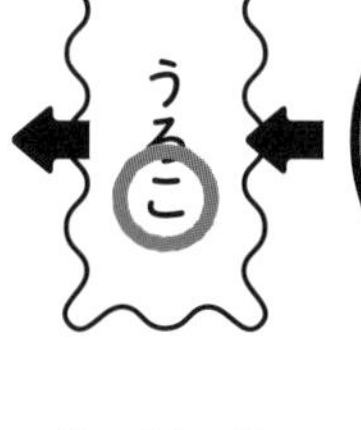
なぞ
25
うろこ

なぞ
59
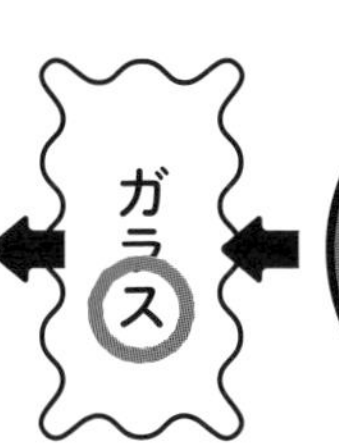
ガラス

なぞ
6

ペンキ

う
ん
こ
ス
キ

とっても むずかしい もんだい じゃったのぅ！

うんこせんせいから　みんなへ

うんこなぞなぞの　ないようは
あくまでも　ユーモア（ゆうもあ）じゃ！

いちぶの　なぞなぞに
かかれて　いる　こうどうを
まねしては　いかんぞい！

うんこなぞなぞ
1ねんせい

2020年3月17日　第1刷発行
2020年4月3日　第2刷発行

なぞなぞ制作　クイズ法人 カプリティオ
デザイン　文響社デザイン室
キャラクター　小寺練
表紙イラスト　CHO−CHAN
イラスト　オゼキイサム／川原瑞丸
CHO−CHAN／村田エリー
校正　鷗来堂
編集サポート　田中梓
構成・編集協力　加藤舞
企画・編集　中村浩士
発行者　山本周嗣
発行所　株式会社　文響社
〒105-0001 東京都港区虎ノ門2-2-5
共同通信会館9F
ホームページ　https://bunkyosha.com/
お問合せ　info@bunkyosha.com
印刷・製本　中央精版印刷株式会社

おうちの方へ

本書に掲載されているなぞなぞの内容は、ユーモアによってお子さまの意欲を高めるためのフィクションです。一部のなぞなぞにおいて、お子さまが実際に真似されますと不適切な内容がございますが、本書はあくまでもなぞなぞであり、お子さまの不適切な行為を助長することを意図しているものではございません。ご理解いただけますようお願い申し上げます。

ISBN コード：978-4-86651-193-1　Printed in Japan